MÉMOIRE

SUR LA NÉCESSITÉ

DE DISSOUDRE LA CHAMBRE

DES DÉPUTÉS,

ET D'EN CONVOQUER UNE AUTRE,

DESTINÉE A METTRE LES LOIS SECONDAIRES EN HARMONIE
AVEC LE PACTE FONDAMENTAL;

PAR LEFOUR, AVOCAT.

APPROUVÉ
PAR LA SOCIÉTÉ CONSTITUTIONNELLE DE PARIS.

A PARIS,

CHEZ DELAUNAY, LIBRAIRE,

PALAIS-ROYAL.

1830

MÉMOIRE

SUR LA NÉCESSITÉ

DE DISSOUDRE LA CHAMBRE

DES DÉPUTÉS,

ET

D'EN CONVOQUER UNE NOUVELLE.

PREMIÈRE PARTIE.

Sire,

L'attachement que Votre Majesté a toujours manifesté pour les libertés de la France, le patriotisme éclairé dont votre règne, quoique récent encore, a donné tant de preuves, nous ont convaincu que vous avez compris les hautes destinées de la France nouvelle, et que vous saurez satisfaire à ses exigences. Placé au sommet de l'édifice social, c'est à vous, Sire, qu'il appartient d'imprimer le mouvement à la société régénérée, et de favoriser son développement

I.

et sa marche dans cette voie de perfection où elle s'est placée ; à Votre Majesté nous devons donc présenter les vœux que nous formons pour le bonheur de notre belle patrie.

Nous avons tous accueilli avec enthousiasme les espérances que renferment les premiers actes du gouvernement de Votre Majesté. Nous n'avons pu nous dissimuler cependant que la glorieuse révolution dont vous avez consacré l'œuvre immortelle, ne saurait être considérée comme accomplie, tant qu'elle n'aura pas pénétré dans toutes les parties de l'organisation sociale, et qu'elle ne trouvera pas, dans les hommes et dans les choses, ces sympathies, cette harmonie, cette concordance qui peuvent seules assurer son triomphe et son avenir.

C'est une vérité reconnue que, dans les sociétés modernes, les mœurs réagissent plus fortement sur les lois que les lois sur les mœurs, qu'au sein de ces sociétés, et indépendamment des institutions, il existe des besoins, des opinions, des tendances, produit du développement de l'intelligence humaine et de sa progression indéfinie. En vertu de cette loi progressive, ces puissances morales poussent incessamment les sociétés dans des voies nouvelles, en déplaçant de vieux intérêts pour leur substituer des intérêts nouveaux, en faisant sortir de l'ombre et mettant en lumière des principes, des vérités oubliées et méconnues, qui deviennent la base de systèmes nouveaux en politique, en législation et en morale.

Si les institutions et le pouvoir qui les représente restent en dehors du mouvement progressif, la société marche sans eux et malgré eux à son but, et, restées en arrière, ces institutions disparaissent pour faire place à des formes nouvelles dont se revêt le corps social, car les gouvernemens ne sont que des formes périssables : les nations seules ne meurent pas.

C'est donc pour le pouvoir une loi de sa conservation de mettre tous ses actes et ses lois en harmonie avec l'opinion.

Cette vérité a été sentie par la chambre transitoire qui a surnagé au milieu du naufrage de la vieille monarchie. Puisant son droit dans la nécessité du moment, elle a déjà, quoique d'une main timide, effacé les disparates les plus frappantes qui existaient entre nos lois et nos mœurs régénérées.

Nous applaudissons à ces premières tentatives; mais, nous ne craignons pas de le dire, si ces réformes devaient s'arrêter là, rien n'aurait été fait pour la liberté; quelques germes d'antagonisme et de désordre auraient seuls été jetés dans l'État.

Nous sommes arrivés à l'une de ces époques organiques qui voient se renouveler tout l'ordre social. Le monde politique est à sa seconde création : la lumière doit être séparée des ténèbres.

Un principe large et fécond, principe vital, seule base logique, seule source d'un droit irréfragable, doit présider aujourd'hui à la reconstruction de l'édifice social, car il faut reconstruire et non réparer : la génération nouvelle serait trop à l'étroit dans l'enceinte que lui traça la restauration.

Avec l'ancienne monarchie tout s'est écroulé. Ce n'est pas un seul pouvoir qui s'est évanoui, c'est la clef de la voûte qui s'est brisée : à ce pouvoir la Charte avait tout rattaché, et l'aristocratie, et le clergé, agens de sa seule volonté, et le corps législatif, dominé par son initiative, et la justice, émanant de lui seul, et la puissance exécutive enfin qui était toute en lui. La chute de Charles X, cette chute, conséquence équitable et juste de la violation d'un pacte, a donc tout entraîné. La France, déliée de ses engagemens envers ce prince parjure, envers cet enfant, qui ne peut avoir d'autres droits que ceux de son aïeul, a repris ses pouvoirs. La force et le droit sont aujourd'hui revenus à leur source primitive ; c'est seulement de cette source qu'ils doivent émaner à l'avenir. La chaîne des anciens temps aux temps modernes, deux fois rompue, est à jamais brisée.

Que ce soit donc un principe reconnu : Toute institution antérieure à la révolution du 29 juillet, et non ratifiée expressément par la nation, n'est plus qu'une institution de fait, dont l'existence provisoire est nécessaire au mouvement de la machine sociale, mais qui ne peut avoir d'autre garantie de sa conservation que la volonté du peuple.

La Chambre des députés elle-même a rendu hommage à ce principe en faisant fléchir devant lui l'inamovibilité des pairs. Qu'importe que son application n'ait pas été poussée plus loin ! Le droit est consacré : il a sa jurisprudence.

Ces principes, dont l'évidence nous avait frappé le jour même où tombait, comme une décoration de théâtre, la royauté de la restauration, nous avaient conduit à des conséquences nécessaires, que déjà nous avons exprimées dans une pétition adressée aux Chambres.

Nous pensions qu'à la nation, restée seule debout sur les ruines de l'ancien ordre de choses, il appartenait :

1° De régler son existence comme corps politique par une nouvelle loi constituante;

2° De déterminer par des lois organiques secondaires, émanées d'un pouvoir constitué, les principes de son acte social.

Un pouvoir constituant nous paraissait nécessaire.

En effet, la nation redevenue seule souveraine, avait seule le droit de régler son existence et ses rapports.

« La Chambre des députés était à nos yeux un » pouvoir constitué, non un pouvoir constituant; pro-

» duit de la Charte, elle n'avait pas mandat pour
» amender la Charte; produit du double vote, éma-
» nation d'une volonté comprimée ou pervertie dans
» sa source, elle ne nous semblait pas à la hauteur de
» la révolution nouvelle. »

La Chambre des pairs, quand elle n'eût pas subi
l'alliage impur qu'un coup d'État lui avait imposé,
nous paraissait un rouage utile dans une constitution
faite, mais n'avait à nos yeux nulle qualité pour in-
tervenir dans une constitution à faire, car elle ne représente pas la nation, source unique du pouvoir constituant.

Une loi constituante nous paraissait nécessaire.

« Une Charte octroyée par le pouvoir, usée par
» d'innombrables violations, muette en une foule de
» points, ambiguë sur plusieurs autres; une Charte
» qui destituait des droits politiques la presque totalité
» des Français; qui ne nous avait pu préserver d'au-
» cune des entreprises du pouvoir contre la sûreté in-
» dividuelle, la liberté religieuse, l'égalité civile ou
» politique, une telle Charte ne nous suffisait plus. Ce
» n'était pas pour de telles conditions que le sang de
» nos compatriotes avait coulé ! »

Cependant, Sire, au même instant que nous expri-
mions ces vœux, la Charte était revisée, un roi était
proclamé par les Chambres provisoires, agissant au
nom de l'impérieuse nécessité.

Ces premières mesures n'ont altéré en aucune manière les principes que nous venons de développer, et nous ont laissé notre conviction première. Un fait ne peut détruire un droit. La question n'a pas été résolue, car elle n'a pu être touchée; la Chambre n'a parlé qu'au nom de la nécessité du moment; elle n'a pu, elle n'a dû vouloir agir que pour ce moment d'urgence : l'avenir reste tout entier sous l'influence du principe.

« Une nation, a dit le commentateur de l'*Esprit des Lois*, Destutt de Tracy, ne doit entreprendre de se donner une nouvelle constitution, qu'après avoir remis tous les pouvoirs de la société entre les mains d'une autorité favorable à ce dessein. C'est là le préalable nécessaire, ce en quoi consiste la révolution et destruction, le reste n'est que construction. Cette autorité provisoire doit convoquer une assemblée chargée de constituer, en lui remettant cette seule fonction, et se réservant toujours le droit de faire aller la machine jusqu'à sa rénovation entière, car la marche de la société est une chose qui ne souffre aucune interruption. »

Ainsi, que la Chambre ait nommé un roi pour rallier à un point fixe les esprits flottans; elle a pris une mesure de conservation.

Mais aujourd'hui, dans le calme de la victoire, lorsque n'apparaît nulle opposition hostile, lorsque toute la nation accueille avec amour le prince qui lui est désigné, ne serait-il pas, non-seulement injuste, mais impolitique de ne pas revenir au principe légal?

Si un acte peut être fait sans mandat, ne doit-il pas être ratifié? Laissant même à l'ergotisme des écoles cette théorie du mandat, et considérant la question de plus haut, la sécurité de la France, la garantie des droits du souverain qu'elle s'est donné ne réclament-elles pas cette ratification de la part de la nation ou de ses délégués? La malveillance n'a-t-elle pas répandu le bruit qu'à l'avénement de Votre Majesté la presse avait été un instant réduite au silence, l'opinion publique comprimée sur quelques points? N'a-t-elle pas, comptant les voix des deux Chambres, prétendu que la majorité avait manqué à votre élection? D'audacieuses protestations n'ont-elles pas retenti au sein du corps législatif, dans le sanctuaire même de la justice? Que la voix de tout un peuple couvre de sa puissante acclamation ces faibles rumeurs! Et de quel droit d'ailleurs refuser à trente millions de Français la faveur de payer ainsi un hommage aux vertus patriotiques de leur prince? Le gouvernement nouveau serait-il donc plus dédaigneux de leur adhésion que la république et l'empire? Tout puissant, tout populaire qu'il était, Bonaparte demanda cette adhésion : il savait alors qu'on ne viole pas impunément un principe.

C'est pour l'avoir ignoré que la restauration s'est écroulée.

Quant à la révision de la Charte, serait-elle un sérieux obstacle à la création d'un corps constituant ? Nous ne le pensons pas.

De l'avis même du pouvoir qui l'avait faite, cette Charte n'était pas une loi constituante; comme tout acte du pouvoir législatif constitué, elle pouvait être modifiée par une loi suivante; ce serait ici un motif de ne pas s'arrêter à cette révision transitoire faite en un jour et pour un jour, si des imperfections, des omissions graves n'appelaient une reconstruction du pacte social.

Résumant donc ces observations, nous penserions toujours qu'un corps constituant doit être investi par la nation du seul pouvoir de rectifier, dans un temps donné, notre pacte constitutionnel, ou reconnaître les rectifications déjà faites ; de ratifier enfin la forme de gouvernement qui a été donnée à la France ;

Que la seule mission des Chambres est de déterminer les bases d'après lesquelles seraient élus les membres de ce corps constituant, et jusqu'à ce qu'il ait renouvelé notre droit public, de faire des lois d'un intérêt actuel. Provoquant alors sa dissolution, elle laisserait aux Chambres convoquées d'après le mode de cette constitution nouvelle, à développer les lois organiques de l'acte social.

Sire, nous soumettons avec confiance à Votre Majesté ces considérations, fruit de longues méditations, et approuvées par un grand nombre d'hommes éclairés.

Si cependant notre vœu paraissait intempestif, si la pensée d'un corps constituant devait réveiller des anti-pathies et des craintes, si Votre Majesté jugeait qu'un caractère définitif dût rester aux actes politiques opérés depuis le 29 juillet, livrant cette pensée à l'avenir, nous nous soumettrions sans murmure à la décision de votre sagesse ; mais alors nous rattachant à la nouvelle Charte, comme à l'ancre du salut, un nouveau devoir nous resterait à remplir.

Il nous resterait à signaler les anomalies nombreuses que forment avec cette Charte les lois de l'ancien régime restées parmi nos institutions comme l'arrière-garde d'une armée en retraite, mais toujours menaçante pour nos libertés.

Il nous resterait à réclamer que des lois en harmonie avec notre constitution soient développées non pas par la Chambre actuelle, dont la mission doit cesser avec le provisoire, et qui d'ailleurs s'en va en dissolution par les démissions, par la nécessité de réélection de ses membres nouveaux fonctionnaires, mais par une Chambre nouvelle, émanation libre et pure d'une élection vraiment nationale, par une chambre dont les sermens seront sans réticences, les croyances politiques sans préjugés.

A cette Chambre ainsi retrempée nous n'hésiterons plus à confier l'accomplissement de cette promesse tombée du trône : *Une charte sera désormais une vérité.*

DEUXIÈME PARTIE.

Sire, vous l'avez reconnu, qu'entourée de l'é-chafaudage monstrueux d'ordonnances et de lois arbitraires empruntées à l'empire ou façonnées par la restauration, la Charte n'est aujourd'hui qu'un odieux mensonge, qu'une amère ironie du pouvoir.

Cette charte reconnaît l'égalité des Français devant la loi.

Une loi antérieure moins laconique (la constitution de 1791) avait défini cette égalité. La loi, disait-elle, est la même pour tous, soit qu'elle protége, soit qu'elle punisse.

L'égalité n'admet aucune distinction de naissance, aucune hérédité de pouvoir.

Les distinctions sociales ne peuvent être fondées que sur l'utilité commune.

Voilà le principe, voici sa violation.

Voilà la vérité, voici le mensonge :

« La noblesse ancienne, dit cette même Charte, re-» prend ses titres, la noblesse nouvelle conserve les

» siens; le roi fait des nobles à volonté. » Ainsi, ces
futiles distinctions, ces hochets de la vanité insultent
à la raison sous l'égide de la loi.

Second mensonge : « La pairie est héréditaire sui-
» vant la volonté du roi. »

Principe monstrueux, qui crée une aristocratie factice ayant tous les vices de l'aristocratie réelle sans
en offrir les faibles avantages; privilége exorbitant, en
vertu duquel un individu naît investi d'une magis-
trature judiciaire et politique, dispensé par consé-
quent de la mériter, et sûr de l'exercer sans capacité
pour la remplir; institution funeste, qui ne marche
qu'environnée des majorats, des substitutions et du
droit d'aînesse; inventions odieuses dont le moindre
mal est d'enlever des fonds au commerce, des revenus
à l'action des créanciers, des droits à l'impôt, d'in-
tervertir l'ordre des successions, de jeter un germe de
guerre au sein des familles, pervertir les affections du
cœur, et faire asseoir la discorde aux foyers domes-
tiques.

Après une violation aussi flagrante du principe d'é-
galité, parlerons-nous de cette aristocratie électorale
qui remet à quelques milliers d'individus la volonté
de trente-trois millions de citoyens?

De cet article 75 de la constitution de l'an 8,
qui exige l'autorisation du conseil d'état pour dénon-
cer à la justice le membre le plus infime de la hié-

rarchie administrative : brevet d'impunité pour le fonctionnaire prévaricateur, mais en crédit ?

Comme corollaires du principe d'égalité, les articles 2 et 3 de la Charte proclament l'admissibilité de tous les Français aux emplois civils et militaires, leur obligation de concourir aux charges de l'État dans la proportion de leurs fortunes.

La violation du principe s'est étendue aux conséquences.

Les antipathies du pouvoir contre les talens dont la voix généreuse signalait sa fausse marche, ses préférences pour tout ce qui flattait ses vues, les intrigues de la médiocrité soutenue de l'influence d'une congrégation active, d'une aristocratie cupide placée à toutes les avenues du trône, ont rendu jusqu'ici cette admissibilité illusoire.

Quels moyens se présentent pour arrêter ces graves désordres ? qu'il nous soit permis d'en signaler quelques-uns à Votre Majesté.

Que des lois sur l'avancement dans l'ordre administratif et militaire soient promulguées ;

Que le pouvoir ait la faculté d'élire seulement les fonctionnaires qui aboutissent directement à lui, ou qui font partie de l'administration centrale ;

Que dans ce cas-là même, ses choix soient subordonnés à la constatation d'études préliminaires spéciales, accompagnées ou suivies d'un surnumérariat, d'un stage ou d'un exercice actif qui fixe la capacité des candidats en même temps qu'il établisse pour eux des droits indépendans des caprices du pouvoir;

Qu'une loi communale et départementale, si long-temps attendue, ne laissant à la centralisation que l'influence nécessaire pour maintenir l'unité du corps social, rende à l'action locale le choix des hommes qu'elle seule peut apprécier; que les justiciables nomment leurs juges de paix, que les administrés choisissent les fonctionnaires qui sont en rapport direct avec eux;

Que tout élu du peuple soit soumis à une réélection lorsque lui ou ses enfans auront reçu quelque faveur du pouvoir;

Que toutes les fonctions ou missions relatives à l'enseignement, aux sciences, aux beaux-arts, qui exigent dans celui à qui elles sont confiées la manifestation d'un talent appréciable dans un concours, soient soumises à ce mode d'élection;

Que tous les gros traitemens soient réduits, toutes les sinécures proscrites; que tout émolument ne soit que l'équivalent du travail de la charge à laquelle il est attaché;

Alors on verra se fermer ce foyer de corruption et d'intrigue, plaie hideuse de tous les régimes.

Des changemens non moins importans sont réclamés pour que cette disposition qui consacre l'égale répartition des charges et des impôts atteigne un haut degré de vérité.

Nous ne nous arrêterons pas au service personnel, soit dans les armées, soit dans la marine; nous ne demanderons pas si l'inscription maritime ne grève pas une partie de la société d'une charge trop onéreuse. Il existe dans le système de nos impôts, considérés sous le triple rapport de leur nature, leur perception et leur comptabilité, une cause toujours active d'injustice, de vexations et de priviléges qui doit surtout fixer l'attention de Votre Majesté.

La nature des impôts ! Les uns, comme la taxe du sel, grèvent d'un droit énorme une denrée de première nécessité, dont la consommation plus grande dans la classe inférieure lui rend ce tribut presque personnel.

D'autres, tels que la loterie et les jeux, affectent exclusivement cette même classe, la démoralisent en la ruinant, et ne donnent à l'État qu'un produit à peine suffisant pour réprimer les crimes ou soulager les maux dont ces odieux impôts sont la source.

Quelques-uns, les droits d'enregistrement et de timbre, violant le principe d'impôt, atteignent dans les mutations le capital et non le revenu; se mêlant à toutes les transactions civiles et commerciales, y portent le désordre et la fraude, dénaturent enfin la justice elle-même, qui devient sous leur influence fiscale inaccessible à la classe pauvre.

Que de réclamations n'ont pas soulevées :

La répartition de l'impôt foncier, établie sur de telles bases que les départemens les plus pauvres sont les plus onérés ;

Cet impôt sur les vins, humiliant et vexatoire dans sa perception, ruineux pour les vignobles, dont il charge les produits d'un droit de plus de moitié de leur valeur ;

Le monopole du tabac et des poudres, qui transforme en producteur industriel l'État, dont le travail est toujours si dispendieux ;

Les douanes enfin, création du système prohibitif, né lui-même de la ridicule idée de la balance du commerce, qui établissent une criminalité factice non sanctionnée par l'opinion, provoquent des fraudes et des luttes sanglantes !

La perception des impôts est-elle plus parfaite que leur nature ? Lorsqu'on voit des receveurs généraux si largement rétribués pour faire la banque avec l'argent de l'État, et le trésor public devenu spéculateur de bourse, lorsque le concours de sept à huit directions, de près de trente mille percepteurs, devient nécessaire, peut-on alors être surpris que l'État doive abandonner 15 p. % de l'impôt pour en effectuer la rentrée ?

Quant à la comptabilité, toujours sous le régime de l'ordonnance et des instructions ministérielles, entravée par un budget de dépenses sans spécialités, un arriéré et une dette flottante vaguement déterminés, inefficacement protégée par une cour des comptes qui ne vérifie ni la situation matérielle des caisses, ni la légitimité des paiemens, ni l'intégralité des dépenses, et enfin toujours impuissante à reconnaître les dilapidations de la cour, les déprédations des fournisseurs, une telle comptabilité renferme un vice caché qui appelle un remède prompt et salutaire.

Votre Majesté pensera sans doute que tant d'imperfections ne peuvent disparaître qu'avec le concours d'une commission d'hommes éclairés, qui portera le flambeau au milieu des ténèbres dont tant de ministres ont à dessein environné l'organisation financière.

Après avoir consacré l'égalité des citoyens, la Charte s'occupe de leur liberté physique et intellectuelle.

C'est ici surtout que se pressent les contradictions, les mensonges, les violations de toute nature..

La liberté de la personne, soit qu'on la considère comme liberté politique ou individuelle, soit qu'avec Montesquieu on la confonde avec la sûreté, ne peut exister qu'avec de fortes garanties de fait; si un corps constituant eût été appelé à réviser le pacte national, nous pensons qu'il eût été de son devoir de laisser moins exclusive la faculté donnée au pouvoir exécutif de disposer des armées, de faire la paix et la guerre; que le système militaire eût dû être subordonné au principe de la garde nationale, combiné avec la loi des communes, et nous amener insensiblement à la réduction, à la suppression, dans l'avenir peut-être, des armées permanentes.

A défaut de ces hautes garanties, la liberté réclame, comme premier besoin de sa conservation, la délimitation du droit d'ordonnance strictement déterminée; la refonte en un seul code de toutes les dispositions administratives; l'abrogation absolue de toutes les lois, ordonnances et décrets antérieurs, vaste arsenal du despotisme; enfin, la loi si long-temps et si vainement promise sur la responsabilité ministérielle.

Ces premières bases jetées, une loi, complément nécessaire de l'art. 4 de la Charte, ainsi que l'a reconnu lui-même un homme d'État aujourd'hui au pouvoir, embrassera dans son ensemble toutes les garanties de cette liberté et de cette sûreté individuelle vulnérables sur tant de points.

Sous l'influence de ce palladium, nous verrons disparaître de notre système social, et les hommes et les lois hostiles à nos libertés.

Le mot de détention administrative ne sera plus prononcé devant nos tribunaux.

La torture du secret ne se reproduira plus.

L'immense pouvoir des juges d'instruction sera restreint;

La liberté sous caution, étendue;

Les crimes d'État et de haute trahison, remis à la sagesse impartiale d'un jury;

La surveillance des prisons, confiée à des administrateurs choisis par le peuple.

Elles seront soumises à une discussion grave et consciencieuse, la suppression de la *flétrissure,* qui brise violemment, et sans espoir de les renouer, les liens de l'homme avec la société, ferme son âme au repentir et son cœur à la vertu; l'abolition de cette peine de mort, qui n'est plus pour la société un droit de conservation ni de défense; qui impose à l'homme une crainte dont il a besoin de s'affranchir, place la sanction dans l'élévation de la peine et non dans la certitude du châtiment, dégrade l'espèce humaine, démoralise le pays, charge la loi d'entraves, l'innocence de dangers, et condamne le magistrat à pleurer toute sa vie un malheur que le repentir ne peut réparer.

Notre pénalité tout entière, dans son application aux crimes politiques, aux délits militaires, sera revue; les systèmes pénitentiaires et de colonisation seront appréciés.

Dans l'ordre civil, la contrainte par corps cessera d'être une prime pour l'usure, la lettre de change ne produira ses graves conséquences que pour le commerçant, et pour l'homme de cette classe même l'élévation de la dette pourra seule justifier cette mesure; enfin l'étranger qui aura salué notre France comme la terre de la liberté ne se verra pas, par une exception inhospitalière, condamné à une captivité éternelle par d'inexorables créanciers.

Dans le système industriel, nous verrons proclamer l'exercice libre de toutes les professions, et la loi, cessant de prêter son appui à des monopoles injustes, à de mesquines tyrannies d'ordres, de compagnies et de corporations, enveloppera tous les intérêts dans une surveillance et une protection générales.

Ces améliorations introduites dans l'ordre légal demanderont un développement parallèle dans l'ordre judiciaire.

Sire, il n'y point de liberté possible tant que le glaive de la justice restera dans les mains impures auxquelles l'avait remis un pouvoir corrupteur ; cette prétendue inamovibilité de la justice, qu'on voudrait invoquer, a, comme celle de la pairie, failli avec la royauté dont elle émanait. Elle s'évanouit d'ailleurs devant les dispositions salutaires de l'art. 59 de la Charte.

Une première réforme dans les hommes sera suivie d'une réforme dans l'institution elle-même : pour rendre hommage à la vérité, cette erreur de doctrine qui fait émaner la justice du pouvoir exécutif devra disparaître.

Les juges-auditeurs seront supprimés ;

Le déplacement des magistrats d'un tribunal, interdit au pouvoir.

De véritables tribunaux administratifs, dont les magistrats seront inamovibles et les degrés de juridiction déterminés, seront répartis suivant les besoins des localités.

Le Conseil d'État enfin, comme tribunal et comme conseil, sera définitivement organisé.

Appuyée sur ces garanties, la liberté individuelle ne sera plus un mensonge.

La liberté de la pensée y trouvera également des gages de sécurité. Mais d'autres secours lui seront nécessaires pour la relever de l'état d'abaissement où elle a été réduite.

Arrêtée dans son émission immédiate par cet article 291 qu'on doit s'étonner de lire encore aujourd'hui dans notre Code pénal, la libre expression de la pensée, base fondamentale du gouvernement représentatif, seule voie pour manifester les besoins des sociétés, seul moyen de résistance à l'oppression, s'était vu enlever par le pouvoir jusqu'à cette presse où elle s'était réfugiée.

Après d'inutiles efforts pour étouffer l'intelligence, le ministère infâme l'avait livrée, toute mutilée par ses lois d'exception, à la censure théâtrale, au monopole de l'imprimerie, à une aristocratie de journalisme.

Ces barrières devront tomber pour toujours. Mais de ces inventions odieuses, la loi de la presse est celle qui surtout appelle une prompte réforme : soumis à un droit de timbre exorbitant, à un cautionnement énorme, les journaux sont devenus inaccessibles aux classes peu aisées de la société; il y a pour elles un véritable déni de cette éducation politique qui leur est si nécessaire.

Mais il ne suffira pas d'avoir rendu la liberté à l'intelligence, si notre système d'éducation, source de son développement, n'est pas purifié.

L'éducation devra-t-elle rester sous le servage du corps universitaire, ce foyer de sinécures, cette machine immense, si compliquée dans ses élémens, si onéreuse, si embarrassée dans sa marche, si nulle dans ses avantages, et dont l'unique résultat est de jeter dans la société des hommes étrangers à ses tendances et à son but?

La liberté de l'enseignement, en ouvrant une vaste carrière à toutes les méthodes, à toutes les spécialités d'instruction, peut seule assurer à l'intelligence tout son développement et sa perfection.

L'instruction primaire, la seule que la société doive à ses membres, appelle une protection spéciale; elle seule peut ce que les lois répressives et les supplices ont vainement tenté jusqu'à ce jour; elle seule peut, étendant l'empire des sentimens moraux, en révélant à l'homme pauvre sa dignité, et l'éclairant sur ses intérêts, arrêter cette inégalité toujours croissante dans les sociétés modernes, assurer mieux que toute loi politique l'équilibre des forces sociales, hâter ce moment où toutes les volontés, devenues éclairées et libres, pourront aspirer à se reproduire dans l'urne électorale.

A l'affranchissement de l'intelligence se rattache la liberté de la pensée religieuse.

Une théogonie qui exige la soumission des esprits, proscrit tout examen, accorde tout à l'exemple, à la tradition, aux décisions des supérieurs, qui, plus que toute autre, recommandant la crédulité et la foi, s'entoure de dogmes et de mystères, la religion catholique en un mot, avait été placée par Bonaparte dans l'État ; mais dans cette transaction de l'autocratie religieuse et de l'autocratie politique, toute la prépondérance était restée à cette dernière, la religion n'était pour elle qu'un levier de plus : entre les débiles mains de la restauration, d'instrument qu'il était d'abord, le catholicisme était devenu une puissance politique.

Ce colosse aux pieds d'argile est tombé, la religion est replacée dans le sanctuaire où son fondateur avait marqué sa place. Mais, pour opérer cette grande révolution, suffira-t-il d'avoir à moitié effacé un article de la Charte de Louis XVIII ?

Renfermée dans l'asile inviolable de la conscience, la croyance religieuse est un rapport de l'homme à Dieu, inaccessible à la loi humaine.

Manifestée au dehors par le culte et le dogme, elle

rentre dans la classe de tous les actes extérieurs, licites s'ils sont inoffensifs, punissables alors qu'ils deviennent hostiles à la société.

Tels sont les principes simples et vrais des rapports de la loi avec les religions.

Quant à ce concordat simoniaque, à ces lois sur l'observation des dimanches et fêtes, sur les communautés religieuses et la main-morte du clergé, à ces ordonnances organiques de fabriques de séminaires, de chapitres, et de tout ce personnel ecclésiastique, à ces dispositions réglementaires inutiles et souvent tyranniques des cultes juif et protestant, tout cet échafaudage est tombé avec l'article 6 de la Charte.

Par une autre conséquence, l'éducation publique sera délivrée de la tutelle religieuse.

Dans le mariage, le lien religieux, à jamais séparé du lien de droit, ne sera plus un obstacle à l'union des prêtres, et au rétablissement de la loi du divorce avec des garanties nouvelles.

Espérons même que ces principes, mieux conçus et le sentiment religieux plus épuré, nous amèneront à restreindre aux seuls croyans l'obligation de salarier leurs prêtres.

Mais, s'il peut être sursis à cette réforme, il en est une qui ne souffre aucun délai : la loi du sacrilége existe encore. Nous ne pourrons croire à la liberté religieuse, tant que nous verrons cette loi hideuse se dresser devant le tabernacle, armée de la hache du bourreau.

Après les garanties des libertés du citoyen, celles de la propriété sont les plus précieuses; notre tâche ne serait donc qu'imparfaitement remplie, si nous n'appellions sur ce point l'attention de Votre Majesté.

Deux sortes de garanties existent pour la propriété, l'une dans les lois civiles, l'autre dans les lois politiques.

L'inviolabilité des propriétés, une indemnité pour la privation de celles dont le sacrifice aura été jugé nécessaire à l'État, la dette publique garantie, tels sont les principes posés par la loi politique.

Quelques atteintes ont été portées à ces principes par la confiscation mobilière conservée dans notre Code pénal, par les amendes exorbitantes établies en matière de délits de presse, qui sont de véritables confiscations indirectes, par quelques dispositions des lois sur les mines et carrières, enfin, par cette autre loi qui fait porter l'action de l'amortissement sur une portion privilégiée de la dette publique.

Dans l'ordre des lois civiles, des améliorations moins urgentes peut-être, mais non moins nécessaires, sont réclamées par la propriété.

Un système hypothécaire chargé de formalités inutiles, privé de plusieurs moyens importans de garantie, une loi de procédure tellement embarrassée dans son exécution par les exigences du fisc, par les exactions des gens de loi de toute nature, qu'elle équivaut à un déni de justice, sont autant de causes qui contribuent à rendre la propriété incertaine et précaire.

Ici nous terminerons le tableau des contrastes nombreux, des contradictions et des mensonges qui placent l'ordre constitué en état d'hostilité avec le pacte constituant. Nous sommes loin sans doute d'avoir signalé toutes ces anomalies, et, d'un autre côté, nous ne nous dissimulons pas que les réformes que nous présentons remuent jusque dans ses fondemens l'édifice social ; mais elles sont la conséquence inévitable de l'ordre de choses dans lequel nous entrons ; c'est pour elles que s'est faite la révolution ; la voix qui les réclame de Votre Majesté n'est que le faible écho de l'opinion éclairée par les écrits de ces esprits généreux placés à la tête de la civilisation pour en être l'expression vivante.

RÉSUMÉ.

Résumant en peu de mots cette seconde série d'observations que nous avons eu l'honneur de présenter à Votre Majesté,

Nous demandons que ; dans le cas même où la pensée d'un corps constituant serait rejetée, il soit présenté une loi électorale, établie d'après les bases les plus larges, abaissant de moitié au moins le cens électoral actuel, appelant à voter, non-seulement tous les citoyens portés sur les listes du jury, mais encore les gradués de toutes les facultés, les rentiers sur l'État jouissant de 1500 fr. de revenu, les militaires en retraite ayant 400 fr, de pension, tous les Français enfin susceptibles d'une volonté éclairée et libre ;

Qu'immédiatement après, la dissolution de la Chambre provisoire des députés soit prononcée ; qu'une assemblée nouvelle soit chargée de donner à la France les lois organiques nécessaires au développement des principes de liberté reconnus par la Charte nouvelle.

Nous aimons à espérer, Sire, que vous accueillerez des vœux dictés par le plus ardent amour de notre pays. Vous pèserez dans votre sagesse les réformes qui sont proposées ; et si quelques-unes des garanties exigées par nos libertés avaient été oubliées dans le rapide exposé que nous présentons , une pensée nous consolera : celle de nos libertés qui ne serait point écrite dans nos lois se retrouvera toujours dans le cœur de Votre Majesté.

LEFOUR.

Approuvé par la Société constitutionnelle centrale de Paris (rue Taranne, n° 12).

Les membres du bureau :

Président, Comte DE LASTERYE ;

Vice-présidens, Gustave DROUINEAU, CASTERAS ;

Secrétaires, A. VALETTE, docteur en droit;
BOUCHENÉ-LEFER, avocat;
LANGLOIS, avocat.

PARIS, IMPRIMERIE DE DECOURCHANT,
RUE D'ERFURTH, N° I, PRÈS DE L'ABBAYE.

www.ingramcontent.com/pod-product-compliance
Lightning Source LLC
Chambersburg PA
CBHW061654050726
47598CB00004B/1572